ESSAI HISTORIQUE

SUR LA

SCULPTURE EN CIRE

Par Gaston LE BRETON

Correspondant de l'Institut, Directeur du Musée départemental des Antiquités et du Musée Céramique de Rouen, Conservateur des monuments historiques de la Seine-Inférieure, Président des Sociétés normande de Gravure et des Amis des Monuments rouennais, Correspondant du Ministère pour les travaux historiques et des Sociétés des Beaux-Arts des départements, de la Société des Antiquaires de France, etc., etc.

ROUEN

DE L'IMPRIMERIE ESPÉRANCE CAGNIARD

rue Jeanne-Darc, 88

1894

ESSAI HISTORIQUE

SUR

LA SCULPTURE EN CIRE

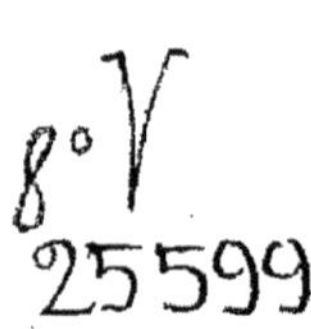

ESSAI HISTORIQUE

SUR LA

SCULPTURE EN CIRE

Par Gaston LE BRETON

Correspondant de l'Institut, Directeur du Musée départemental des Antiquités et du Musée Céramique de Rouen, Conservateur des monuments historiques de la Seine-Inférieure, Président des Sociétés normande de Gravure et des Amis des Monuments rouennais, Correspondant du Ministère pour les travaux historiques et des Sociétés des Beaux-Arts des départements, de la Société des Antiquaires de France, etc., etc.

ROUEN

DE L'IMPRIMERIE ESPÉRANCE CAGNIARD

rue Jeanne-Darc, 88

1894

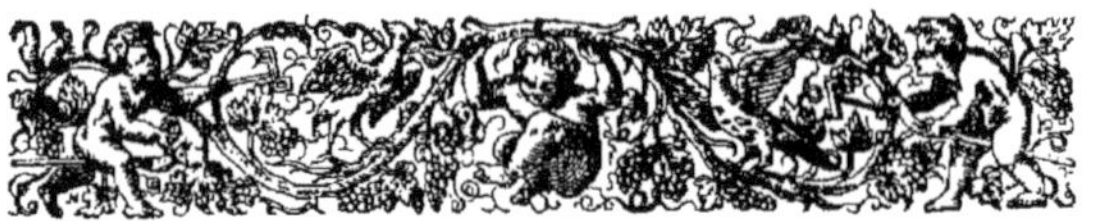

ESSAI HISTORIQUE
SUR
LA SCULPTURE EN CIRE

La cire est la matière plastique, malléable et fine par excellence, qui se prête le mieux aux délicatesses de l'ébauchoir. Elle obéit à la moindre pression du doigt du sculpteur qui lui communique la chaleur et la vie ; aussi, n'est-il pas surprenant que, dès la plus haute antiquité, les artistes s'en soient servis pour exécuter leurs modèles dans la représentation de la figure humaine, ou des objets les plus délicats de la nature.

Chez les Égyptiens, notamment, elle a été employée de bonne heure pour fabriquer des amulettes et des figurines magiques. Le chapitre VII du rituel s'adresse à une image du serpent Apepi, qui est en cette substance : « *O toi qui es de cire*, qui prends et saisis violemment et dévores ceux qui sont sans puissance, etc. »

Un papyrus du temps de Ramsès III nous apprend qu'un conspirateur avait fait *des hommes de cire*, récité sur eux des écrits magiques pour gagner l'amour des femmes du Pharaon et s'introduire dans le harem royal. Un autre personnage, impliqué dans la même affaire, avait fabriqué des dieux et des hommes de semblable matière pour envoûter ses ennemis.

Il ne reste actuellement qu'un petit nombre d'objets égyptiens en cire ; ce sont surtout des figurines des quatre génies funéraires, enfants d'Horus, sans grand intérêt artistique (1), tels que ceux qui se trouvent au musée du Louvre. On connaît également des sceaux, jadis attachés à des actes sur papyrus, aujourd'hui détruits (2).

Il nous paraît supposable également que les maquettes originales de certains bronzes et bijoux égyptiens, d'un travail remarquable, devaient avoir été exécutées en cire, de même que pour des figurines d'une très grande finesse, aux colorations brillantes, que l'on rencontre dans les musées, et dont plusieurs ont l'apparence de véritable porcelaine.

Il pouvait en être ainsi pour diverses maquettes des cylindres assyriens ; on conçoit qu'il était plus facile à l'artiste de modeler son sujet en relief, pour mieux se rendre compte de l'effet, que de graver directement en creux sur la pierre. Enfin, les Phéniciens et les Grecs faisaient usage de la cire pour modeler leurs figures les plus soignées, ainsi que pour leurs bijoux les plus précieux, leurs intailles et leurs camées, même pour

(1) Maspero, *Guide du visiteur au Musée de Boulaq*, p. 172, n° 2098.

(2) Maspero, *Guide du visiteur au Musée de Boulaq*, p. 99, n° 3937-3939.

leurs plus belles médailles. Les bronzes étrusques les plus fins semblent avoir été obtenus aussi par des procédés analogues.

Dans le IXe livre de *la République de Platon*, Socrate, conversant avec Adimante, lui dit qu'*il est plus aisé de travailler sur l'imagination que sur la cire*. Platon mentionne aussi l'emploi des figures de cire, pour des pratiques de sorcellerie, au Livre XI des *Lois*.

Le même philosophe, dans un autre traité, le *Théétète*, indique la préférence des sculpteurs à employer « une cire unie et bien préparée à une cire impure ou mélangée et trop dure ».

On se servait des figures de cire chez les Grecs pour représenter les dieux.

Dans une ode attribuée à Anacréon, on parle d'un amour de cire : « Un jeune homme vendait un amour de cire. Me trouvant près de lui : Combien veux-tu, lui dis-je, de cette petite statuette ? Il me répondit en dorien : — Donnez-m'en ce que vous voudrez ; je vous dirai sincèrement que je ne suis pas un modeleur en cire, mais je ne veux pas habiter davantage avec un amour qui se plaît à tout consumer de ses feux. — En ce cas, donne-moi pour une drachme, donne-moi cet hôte charmant. Pour toi, ô Cupidon, enflamme soudain mon cœur ; sinon je te jette au feu et je te fais fondre toi-même. »

Les statuettes de cire furent employées en Grèce pour les fêtes religieuses du culte d'Adonis.

On voit par le jeune Philippide, dont parle Aristophane dans *les Nuées*, que les écoliers enlevaient souvent la cire de leurs tablettes pour se divertir en cachette à modeler de petites maisons. Lucien de Samosate, dans son traité intitulé *le Songe*, dit, en parlant de lui-même : « Mon père jugeait de mes dispositions en sculpture par les petits ouvrages que je m'amusais à faire en cire ; lorsque je sortais de l'école, je grattais la cire et j'en formais des bœufs, des chevaux ou des hommes. — Par Jupiter, ils sont très ressemblants, assurait mon père. Mais les maîtres me battaient. »

Les Grecs ornaient leurs chambres des bustes en cire de leurs enfants.

A l'époque d'Alexandre, les fondeurs en bronze marchaient de pair avec les statuaires et modelaient en cire des animaux et des objets copiés sur nature, d'une très grande vérité.

Un philosophe stoïcien et disciple de Cléanthe, Sphærus du Bosphore, discutait à Alexandrie, devant Ptolémée Philopator, sur la réalité des images suivant les impressions qu'elles donnent. Ce roi lui fit présenter un plat de grenades en cire, que celui-ci s'apprêtait à saisir, ce qui fit dire au roi qu'il avait été abusé par sa vue. Sphærus, cherchant à se défendre de son premier mouvement, lui dit : « Je n'ai pas jugé que ce fussent des grenades, mais j'ai jugé qu'il était possible que ce fussent des grenades, et il y a de la différence entre une idée positive et une probabilité. »

Lysistrate de Sycione était célèbre pour les portraits de cire qu'il modelait sur nature, en les coloriant ensuite. Pline assure même qu'il aurait été le premier à exécuter ces portraits en moulant la figure de son modèle en plâtre ; il remplissait ensuite le creux du plâtre avec de la cire.

Des inscriptions découvertes aux propylées d'Athènes, en 1836, indiquent les salaires des sculpteurs travaillant sous la direction de l'architecte Archiloque, qui avaient employé la cire pour les modèles des fleurs en bronze des caissons du temple d'Érecthée.

Les merveilleuses statues en marbre retrouvées également à l'acropole d'Athènes, et qui proviennent du Parthénon détruit par les Perses, offrent dans leurs colorations polychromes, si douces et si harmonieuses, l'aspect de la cire. On sait, d'ailleurs, que les statuaires grecs enduisaient le marbre de cire, en lui donnant des colorations variées.

Si des Grecs nous passons aux Romains, ceux-ci employaient la cire pour les images votives, les statuettes des dieux et même pour les poupées d'enfant *(pupa)*. Ovide et Horace signalent aussi l'usage des figurines de cire pour les pratiques de sorcellerie.

Les bustes et les portraits des ancêtres *(imagines)* occupaient dans l'atrium une place d'honneur. Des effigies en cire *(effigies)* étaient étendues sur un lit de parade pour la cérémonie des funérailles, de même qu'on les promenait triomphalement *(triomphale pompa)*. Ceci se passait ainsi pour les personnages illustres. On portait leur buste en cire, ainsi que ceux des ancêtres et des parents, entourés, si c'était un guerrier, des couronnes qui lui avaient été décernées ou des étendards conquis sur les ennemis. C'était un privilège également réservé à la noblesse, que l'on appelait *jus imaginum* (1).

Chez les Romains, suivant une coutume que nous retrouverons au moyen âge, où l'on moulait la tête des rois, des masques en cire étaient pris sur le visage du mort pour perpétuer ses traits. Nous citerons parmi ces derniers deux masques en cire, trouvés à Cumes en 1852, dans un tombeau du IIIe siècle de notre ère. Un seul de ces masques nous a été conservé ; il est au musée de Naples. Il remplaçait la tête qui manquait au squelette ; les yeux étaient en verre, et des traces de coloration apparaissaient sur la figure lorsqu'il a été découvert. Quant au squelette, ses extrémités manquaient également. M. Adrien de Longpérier (2), basant son opinion sur un passage du *Traité de la langue latine de Varron*, crut reconnaître l'explication de ce fait dans l'accomplissement de certains rites de purification relatifs à la cérémonie des funérailles, tandis que d'autres savants supposaient que ces ossements étaient ceux de martyrs chrétiens persécutés par Dioclétien.

Il serait admissible aussi que ce fait pouvait se rattacher à une coutume religieuse de l'époque, laquelle aurait consisté à diviser le corps pour en conserver les extrémités dans des endroits sacrés, de manière à provoquer, de divers côtés à la fois, un plus grand nombre d'honneurs funéraires pour le défunt.

(1) « *Pictos ostendere vultus majorum* », Juvénal, *Satire VIII*. — « *Jus imaginis ad memoriam posteritatemque prodendæ* », Cicéron, IIe *Verrine*.

(2) *L'Athenæum français*, 2 avril 1853.

Cette coutume ne s'est-elle pas perpétuée plus tard pour les corps des martyrs et des saints, ou pour des personnages illustres, comme étant un moyen d'obtenir ainsi un plus grand nombre de prières ?

Columelle indique les procédés dont on se servait pour la préparation des cires à modeler. On colorait la cire, soit en fondant les couleurs à même, soit en décorant seulement la surface de cette matière pour donner à la figure humaine, aux animaux, aux fleurs et aux fruits une plus grande apparence de vérité. L'empereur Héliogabale, suivant Lampridius, se faisait servir des repas où tous les mets qu'il mangeait en nature étaient imités en cire pour ses convives. « Après chaque service, les convives étaient obligés, selon l'usage, de se laver les mains, comme si elles eussent été salies par le contact des mets ; pour compléter cette facétie de mauvais goût, on leur présentait un verre d'eau afin de faciliter la digestion. »

Parmi les artistes habiles dans la céroplastique, Cicéron mentionne Hiéron de Cybire, frère de Tlépolème. On sait que Verrès était toujours suivi dans ses voyages par un artiste phrygien qui s'était fait une spécialité des travaux exécutés en cire (1). Casatus Caratius, désigné sous le nom de *Fictiliarius*, paraît aussi avoir été un des sculpteurs qui exécutaient de petites figures de cire *(fictiles)* (2).

La céroplastique s'était continuée dans les premiers

(1) « *Fingere e cera solitus est* », Cicéron, *IVe Verrine.*

(2) « *In ceris aut fictilibus figuris fingere aliquid* », Cicéron, *De Nat. Deor.*

siècles de notre ère ; l'empereur Valentinien, grand protecteur de l'art au IVe siècle, passait pour un habile modeleur en cire.

Enfin, au VIe siècle, sous le règne de Justinien, des vers d'Agathias nous montrent que l'usage de la cire, pour modeler les effigies des défunts, subsistait encore à cette époque.

Il serait possible de citer d'autres exemples de l'emploi de la cire dans l'antiquité, notamment pour enduire les tablettes portatives sur lesquelles on traçait des caractères au moyen d'un style, et qui portaient alors indistinctement le nom de *ceræ* ou de *tabulæ*.

On s'en servait aussi pour la peinture ou comme vernis que l'on appliquait sur les parois des édifices, de même que pour les navires et l'entretien des bois, des meubles ou des armes ; enfin, pour la conservation des fruits de choix que l'on enduisait de cette matière ; sans parler de l'éclairage, etc. Toutes ces sortes d'usages ne rentrent pas dans notre programme, et il nous tarde d'arriver au moyen âge et à la renaissance, où les différentes formes de l'emploi de la cire vont se généraliser encore davantage sous la main habile des artistes de ces deux grandes périodes.

La cire, au moyen âge, sert à modeler les figures des saints et des objets les plus précieux appartenant au culte, tels que des flambeaux d'église, des châsses, des agrafes de chape, etc.

On connaît le chandelier à sept branches de la cathédrale de Milan, qui est une œuvre d'art d'une importance et d'une exécution exceptionnelles. Il en est de même du magnifique candélabre dit *de Glocester,* qui figurait dans l'ancienne collection Soltykoff. Il appartient aujourd'hui au South Kensington Museum. Ce chandelier pascal, d'un style et d'un travail remarquables, a été fondu à cire perdue ; il offre toutes les difficultés vaincues de l'art du cirier et du fondeur. Ces œuvres montrent suffisamment que les artistes du moyen âge avaient atteint un degré de perfection qui n'a pas été surpassé depuis.

Les comptes et les inventaires nous indiquent également les divers emplois de la cire à cette époque. Un inventaire de la tour du Louvre, de 1373, signale « uns tabliaus de boys où il y a dedans un couronnement de cire vieil. » En 1467, il est fait mention de « 30 arbres de environ 8 piez de hault chacun portans divers fruits fais de bois et estoffiez de verdure, fleurs et fruis de cyre, le tuyeau et les branches dorées ». A l'époque de la renaissance, pour le signaler en passant — c'est en 1510, une biche en cire, qui sert à décorer le château de Blois : « A maistre Anthoine le Just, ymagier, la somme de 42 l. t. pour avoir par luy fait une biche de cire que ledit seigneur a ordonné estre assise au bout de la gallerie du grand jardin du château de Bloys et icelle estoffée et peinte de couleurs nécessaires ».

Nous laisserons pour l'instant ces citations, devant y revenir bientôt à propos des figures de cire des ex-voto et des effigies. Il nous paraît en effet préférable d'épuiser de suite les divers emplois de la cire où le côté artistique est d'un ordre inférieur. Incidemment, nous avons déjà parlé des tablettes de cire dans l'antiquité.

On sait que dans l'origine elles étaient formées de deux tablettes en ivoire assemblées par une charnière, et qu'elles portaient le nom de dyptiques, puis tryptiques, polyptiques ou *codex*, suivant le nombre de tablettes réunies entre elles. Lorsqu'il s'agissait d'un consul (de là leur dénomination de dyptiques consulaires), les sujets qu'elles représentaient avaient trait le plus souvent aux jeux du Cirque, aux largesses et aux munificences du consul, qui les offrait aux sénateurs à l'occasion de son entrée en charge, etc. Lorsqu'elles furent plus tard destinées à des évêques, leurs sujets étaient tirés de l'Ancien et du Nouveau Testament. Ces tablettes, dont il nous est resté des spécimens précieux (le Cabinet des médailles, à Paris, en renferme une série des plus remarquables), offrent un très grand intérêt pour l'histoire de la sculpture. Au moyen âge, le plus grand nombre de ces tablettes à écrire étaient en bois. Malgré leur extrême fragilité, un spécimen fort intéressant de cette époque nous est resté. Actuellement conservé aux Archives nationales, il provient de l'hôtel Saint-Louis et date de 1256. Ces tablettes, qui nous fournissent de précieuses indications sur les Comptes de l'hôtel du roi, étaient de véritables registres. Elles ont fait l'objet d'une description par M. Natalis de Wailly (*Mémoires de l'Académie des Inscriptions*, 2e série, t. XVIII, p. 537) (1).

(1) Il existe d'autres spécimens à la Bibliothèque de Lyon, aux Archives municipales de Senlis, au Musée Britannique, à Genève, à Florence, etc. Le musée archéologique de Namur renferme deux précieuses petites tablettes en ivoire, avec leur style et leur gaîne en cuir gaufré. Elles

Dans l'inventaire de Charles V, qui date de 1380, nous voyons figurer « une table d'argent à escripre esmaillée par dehors, etc. » Le roman de *Flor et Blanceflor* indique également ce même mode d'écrire :

Et quand à l'escole venoient
Lor tables d'yvoire prenoient
Adont lor veissiez escrire
Letres et vers d'Amour en cire,
Lor graffes sont d'or et d'argent
Dont escrivent soutivement.

En même temps que ces tablettes à écrire, on se servait aussi pour dessiner de tables « à portraiture enduites également de cire ». — « Pour unes tables d'or à portraire, avec un greffe d'or et l'estuy pour lesdictes tables, lequel estoit ouvré de broderie et semé de perles et garny d'un bon laz de soye à 11 boutons de perles, le tout prisié XXV escuz ». *(Exécution du testament de Jeanne de Bourgogne,* 1353). « Franchequin l'orfèvre, pour une table à pourtraire achetée pour le Roy, XIII sols IIII deniers. *(Dépense du roi Jean en Angleterre,* 1359-1360). « Unes tables à pourtraire dont les aiz sont de cor à croissants d'or, et y a ung estuy ouvré de cuir fauve, pendant à ung laz et deux petiz boutons de perles et dedans iceluy estuy à

sont ornées de sujets représentant l'histoire de Tristan et Yseult. Sur la cire rouge dont elles sont enduites, ont été écrits des vers en caractères du XIVe siècle. Cet usage des tablettes de cire s'est encore conservé actuellement à Rouen, à la halle au poisson, où la vente se fait à la criée. L'inspecteur vendeur inscrit chaque jour les enchères des acheteurs sur des tablettes enduites de cire.

ung petit greffe d'or tors ». *(Inventaire de Charles V*, 1380). « Unes table à portraire dont les aiz sont de cor, en un estuy de cuir fermé, pendant à un laz, et deux petits boutons de perles, et y a un greffe, tuers d'or ». *(Inventaire des joyaux de la Couronne*, Château de Vincennes, 1418, etc., etc.).

Ces tablettes nous conduisent à citer également, parmi les autres emplois de la cire, la sigillographie, dont l'origine remonte à la plus haute antiquité. Non seulement l'usage du sceau est indiqué dans les temps bibliques, mais, au début de cette notice, nous avons signalé déjà des spécimens de l'antiquité égyptienne qui étaient attachés à des actes sur papyrus aujourd'hui détruits. Le but du sceau était de compléter l'authenticité d'un acte en lui donnant une valeur égale à celle d'une pièce signée; de là cette formule consacrée : *teste sigillo, tesmoing mon scel ci mis*. C'était même plus qu'un témoin; le sceau devenait, pour ainsi dire, le représentant même de la personne qui en faisait usage.

Il n'est pas nécessaire d'insister ici sur l'intérêt que présente l'étude des locaux conservés dans nos archives; ce sont des documents inestimables pour l'histoire, ainsi que pour l'étude de l'art, du costume et de ses accessoires, etc.

Nous devons dire aussi quelques mots des *Agnus Dei*, qui sont eux-mêmes obtenus par des procédés analogues aux matrices des sceaux. Ce sont des disques portant l'image d'un agneau et faits à Rome avec les restes du Cierge pascal et du Saint-Chrême, et bénits par le pape le premier dimanche *in alibis*. Des *Agnus Dei* figurèrent parmi les présents qui furent envoyés à la reine des Lombards, Théodeline, par saint Grégoire-le-Grand. On conserve celui de Charlemagne dans la cathédrale d'Aix-la-Chapelle. Ces *Agnus Dei* étaient enchâssés dans des montures, souvent artistiques, et servaient de reliquaires ou d'objets de piété que l'on suspendait aux murs des habitations. On en rencontre dans les collections qui sont recouverts d'or, d'argent, de vermeil ou d'émaux. Les *Agnus Dei* avaient entre autres vertus celles de préserver du vertige, du démon, de la tempête et des orages; les femmes les portaient pendant leur grossesse. C'est pourquoi le pape Urbain V, envoyant un *Agnus Dei* à un empereur grec, lui fit écrire que ces objets préservaient de la mort par le feu et par l'eau, même du péché, et assuraient une heureuse délivrance aux femmes en couches.

Nous aurions à mentionner également les arbres de cire, qui ont été souvent l'objet d'une riche ornementation. Les documents que nous pourrions citer sont surtout relatifs au cierge pascal, dont l'usage et les cérémonies qui s'y rattachent paraissent remonter au IVe siècle, ainsi que ce passage de saint Augustin qui commence ainsi : *Exultet jam angelica*. Pour ne donner ici qu'un exemple, on voit, par les comptes du XVIe siècle de sainte Anne de Douai, que le cierge pascal de cette église affectait la forme d'une colonne avec chapiteau; ce qui semblerait indiquer un ouvrage assez riche sous le rapport de l'ornementation et conforme aux usages des habiles ciriers de cette époque. Dans les grandes cérémonies, les torches et les cierges des personnages illustres étaient peints et décorés d'armoiries et de devises. Les comptes de l'hostel de la Fruiterie renferment à ce sujet de nombreux détails. On sait que le rôle des officiers de la Fruiterie était de fournir les flambeaux de cire, aussi bien que les fruits de la table du roi. En 1380, Gillet fait armoyer sept cierges aux armes du roy et de « nosseigneurs de France ». En 1401, Guillaume Testard, le fournisseur d'Isabeau de Bavière, fait peindre et armoyier des cierges aux armes de la reine. En 1421 et 1422, on donne en paiement trente-deux sols parisis à Hance le peintre « pour avoir peint et armoyé le cierge du roy à ses armes et devises », etc., etc.

Mais où l'emploi de la cire prenait des proportions considérables au moyen âge, c'est surtout pour l'exécution des figures, effigies, vœux de cire ouvrée ou ex-voto. Reprenons nos Comptes et nos Inventaires de cette époque, ils nous fourniront de nombreux exemples. Dans les Comptes de l'Artois de 1290, on lit : « Pour l'ymagerie de Mgr d'Artois faite de chire envoïée à Notre Dame à Boulogne, pour peinture : pour toutes choses, etc., etc. »

En 1389, Charles VI, atteint d'une grave maladie, commande à un bourgeois de Paris sa statue en cire pour implorer l'intercession de Pierre de Luxembourg, décédé en 1387, auquel, depuis sa mort, on attribuait un grand nombre de miracles. « A Dyne-Raponde, marchand et bourgeois de Paris, la somme de 160 fr.

d'or pour une image de cire qu'il a fait faire de notre grandeur et mettre en un tabernacle devant saint Pierre de Luxembourg à Avignon. »

Philippe le Hardy, duc de Bourgogne, ayant eu son fils mordu au genou par un chien enragé et n'obtenant aucun résultat du traitement du physicien Lecomte, fit faire, en 1398, une effigie, du poids du malade, et la donna solennellement à Vienne, en Dauphiné, qui conserve les reliques de saint Antoine.

On voit également, par les registres de la Chambre des Comptes de Nantes, que le duc de Bretagne, en 1458, envoie à l'abbaye de Bosquion une jambe de cire par son valet Jehan de Varsaignes. De même Louis XI, obéissant aux mêmes intentions, fit « offrir et présenter à sa dévocion devant Monseigneur saint Martin de Tours ung chien de cire pesant xij livres de cire ». Les comptes royaux de 1466 et 1467 signalent deux vœux de cire « l'un pesant quarante cinq livres de la représentation de Madame Anne de France, sa fille, qu'il (le Roy) a fait offrir en juin devant l'image de N.-D. de Cléry »; l'autre de 1467 « à Guillaume Quétier, marchand cirier à Tours, 23 livres 17 sous 5 deniers pour 80 livres de cire ouvrée en vœu pour offrir en mars au nom de Madame l'Amiralle pour sa santé devant l'image Nostre Dame du Chastel de Loches, à cinq sous la livre en œuvre. »

Enfin, dans le roman d'Anthoine de la Salle, *Le petit Jehan de Saintré,* qui date de 1455, lorsque la dame des Belles-Cousines invoque la Vierge en faveur de Saintré, elle dit : « Et de ce mon vray Dieu je t'en appelle à tesmoing et aussi ta très benoiste mère à laquelle je le voue tout de chire armé de son harnoiz, sur un destrier houssé de ses armes tout pesant trois mille livres. » On peut juger par là quelle pouvait être l'importance d'un tel ex-voto.

Dans un tout autre ordre d'idées, il y a lieu de mentionner d'autres figures de cire qui rentrent dans les différents emplois de cette matière, mais pour lesquelles le sentiment artistique devait laisser parfois à désirer. Nous voulons faire allusion ici aux figurines qui servaient pour les envoûtements. Nous avons démontré précédemment que cette opération magique était fréquemment pratiquée dans l'antiquité; elle consistait à ensorceler, au moyen d'une image faite à sa ressemblance, la personne à laquelle on voulait nuire. On pratiquait sur cette image, généralement en cire, des blessures simulées ou des opérations magiques, lesquelles avaient pour but de faire souffrir, ou mourir même, les personnages ainsi représentés. On connaît le procès d'Enguerrand de Marigny, que le roi Louis X fit exécuter sous l'inculpation de ce crime. Le document suivant, qui date de 1564, se rattache à ce fait historique : « Robert Gaguin récite en sa vie de Louis le Hutin, comment la femme d'Enguerrand de Marigny, ne pouvant le délivrer de prison, s'entendit avec deux sorciers, pour faire mourir Charles de Valois : « Pour à quoy parve-
« nir ils feirent une effigie et image de cire par art
« magique représentant le roy Charles, laquelle estoit
« faicte ayant gestes d'un roy malade, de sorte que si

« cette entreprise n'eut esté descouverte, ilz avoient « deliberé de le faire mourir phtysique et d'une mort « lente; car comme ladicte effigie eust été petit à petit « consumée estant approchée du feu, aussi la vie du « roy (comme ils pensoyent) fut terminée et défaillie. »

« De notre temps, ajoute Jehan de Marcouville, qui a relaté le fait précédent, l'on a pareillement attenté contre la majesté du roy François, premier de ce nom, par une effigie faicte à sa semblance et qui le représentoit. »

Les mêmes procédés furent employés plus tard à l'égard de Charles IX, de Henri III et de plusieurs autres princes ou personnages célèbres (1).

(1) Parmi certaines lettres de rémission qui nous ont été conservées, relatives à des opérations magiques, nous ne saurions passer sous silence un document fort intéressant qui a trait à un envoûtement, lequel date de 1382 :

« Rémission pour la femme d'un charpentier de la Rochelle qui avait tenté d'empoisonner son mari. Envoûtement, Paris, avril 1382. *Choix de pièces inédites relatives au règne de Charles VI*, publiées par Douet d'Arcq, t. II, p. 182, n° XCV.

« Charles, etc. Savoir faisons à touz présens et avenir. A nous avoir esté exposé de la partie des parents et amiz charnelz de Jehanette Gaigne, jeune femme, à l'aage de xviij ans ou environ, fille de feu Symon Gaigne et femme par mariage de Guillaume Cussé dit Capitaine, charpentier de tonneaux et bourgeois de nostre ville de la Rochelle.

« Que comme Jehanne dicte Sauverelle ait esté bien iij quars d'an ou environ, prise par nostre prévost de la Rochelle, pour ce que l'on disoit ley (elle) user de sourceries. Et pour lequel fait elle a esté arse et exécutée. Et laquelle Jehanne Sauverelle en sa confession chargea la dite Jehanne Gaigne en disant que en caresme derrenièrement passé et un an une autre femme, appelée Arzène, demourant dans la dicte ville, estoit venue par devers icelle Sauverelle et lui avoir dit que la dicte Jehannette, femme du dit Capitaine, s'estoit plainte à ley (elle) de ce que

On lit dans Mézeray, au règne de Louis X, au sujet d'Enguerrand de Marigny : « Il courut un bruit qu'il avait dessein de faire mourir le roi, et que sa femme s'aidait d'un nommé Paviot et d'une vieille boiteuse, réputés grands sorciers à faire des images de cire à la

le dit Capitaine son mary, lui dounoit si mal temps qu'elle ne povoit durer avec lui et qu'elle vouloist avoir donné et donnast volontiers grossement de son argent, à aucun qui peust tant faire qu'il mourust. Et ladicte Sauverelle avoir répondu qu'elle y mettroit bien remède qui la vouldroit bien paier. Et ladicte Arzène lui avoit dit et promis qu'elle la feroit bien paier. Et après ce avoir fait acheter ladicte Sauverelle par ladicte, un quarteron de cire duquel elles feirent un vœu à la fourme d'un homme. Lequel veu ladicte Arzene par le conseil de ladicte Sauverelle avoit porté à l'ostel dudit Capitaine. Et fu mis soulz son lit, ou il demeura l'espace de vij ou xv jours. Et après ce s'en estoit venue ladicte Jehannette, femme du dit Capitaine, à ladicte Arzène en la présence de ladicte Jehanne Sauverelle, et lui avoir dit qu'elle avoit perdu son argent et qu'elles lui devoient faire mourir le dit Capitaine son mary, et il lui estoit en meilleur point que paravant. Et avoit dit à ladicte Arzène qu'elle lui avait donné ij francs et un annel d'or pour cette cause. Et après ce, avoir dit ladicte Jehanne Sauverelle à ladicte Arzène qu'elle lui feist avoir la chemise de ladicte Jehannette, femme du dit Capitaine. Laquelle elle porta en son hostel et ylec la firent boulir moult longuement, en yaue, et de l'yaue où ladicte chemise bouly firent boire audit Capitaine. Et d'ilec, peu après, ladicte Jehannette, femme du dit Capitaine, s'estoit plainte de rechief à ladicte Arzène, et lui avoit dit que sondit mary l'amoit plus qu'il ne souloit, et estoit en meilleur point que paravant. Et aussi dict ladicte Jehanne Sauverelle qu'elle avait oy dire à ladicte Arzène les mots qui s'ensuivent : « E le grant diable y ait part. Cest Capitaine ne puest « morir. Sa femme m'a dit qu'elle « lui avait donné du rialgal et du verre moulu et mourir ne se puet. » Et en oultre dist et confessa, ladicte Jehanne Sauverelle qu'elle ne fist pas tout le mistère qu'il ait convenu à faire mourir ledit Capitaine, et qui l'eust bien paiée, elle l'eust bien fait mourir, mais elle ne vouloit point, avoir le pèchié de sa mort et les autres en eussent le proffit. Lesquelles choses ou parties d'icelles, ladicte Arzène cognut et confessa par devant ledit prévost, et en a obtenu grâce et ressemblance du roi et des princes pour les envoûter. D'autres documents démontrent que ces sorciers étaient trois : Jacques, dit Delor, sa femme (la boiteuse) et Paviot (leur employé). »

On connaît aussi l'envoûtement de Jean Le Bon, fils de Philippe VI, par Robert d'Artois, au XIVe siècle, et plus tard, pendant la Ligue, celui de Henri III par la duchesse de Montpensier.

Dans *le Journal du bourgeois de Paris, en 1393*, Ménagier mentionne ceci : « *Item* en offertoire de chandelle de cire à vouter, deux cents francs et plus. »

L'Apologie pour Hérodote, par Henri Estienne, ainsi que les *Contes de la reine de Navarre*, indiquent des pratiques analogues pour ces voults ou envoultements (de deux mots latins) : *in* (contre) et *vultus* (visage).

L'envoûtement de Henri VIII fut cause de la mort de trois inculpés dans cette affaire et de l'emprisonnement de la duchesse de Glocester.

Nous avons passé en revue une grande partie des divers emplois de la cire au moyen âge, il nous reste à parcourir cette brillante période de la renaissance qui commence une ère nouvelle pour la céroplastique.

rémission sur ce de nous, ladicte Arzène. Et aussi dient lesdiz parens de ladicte Jehannette, que les choses dessusdictes pevent estre irayés par la manière dessus déclairée. Et pour ce, que, pour doubte de rigueur de justice et de estre mise en gehine, ladicte Jehannette qui est belle et jeune femme, comme dit est, s'est absentée de nostre dicte ville et n'ose réparer son hostel ne avec son dit mary, par quoy seroit pour perdre et encheoir en péchié de son corps et mener vie déshonête, se de nostre grace n'estoit secourue, etc. »

Des artistes tels que Luca della Robia, Ghiberti, pour ses portes du baptistère de Florence, Baccio Bandinelli, Martinello di Sarego, Bartoloméo Ganga et beaucoup d'autres encore se servirent de la cire pour traduire leur pensée dans une forme artistique. C'est Jacopo Sansovino qui, parmi divers autres sujets, fait en cire une remarquable descente de croix ; puis l'espagnol Alonzo Beruguette, Zaccheria, Zachi et le Vecchio, de Bologne sont, avec lui, chargés de l'exécution d'un modèle en cire pour le bronze du groupe de Laocoon. Raphaël, sur la demande de Bramante, est invité à choisir le meilleur modèle, et désigne celui de Sansovino. Niccolo dit le Tribolo fit, en cire, des statuettes, des bas-reliefs et particulièrement des figures d'enfants.

Suivant Vasari, Francesco Raibolini dit il Francia, de Bologne, orfèvre et peintre « excella à graver des médailles qui peuvent être comparées à celles de Caradosso. On lui doit celles du pape Jules II, de Giovani Bentivoglio et d'une multitude de princes qui s'arrêtèrent à Bologne. Il modelait d'abord en cire les portraits de ses personnages, et, lorsqu'il avait achevé les matrices de ses médailles, il les leur envoyait. »

Michel-Ange lui-même passe pour être l'auteur d'une descente de croix qui se trouve dans la chapelle du palais royal de Munich. On lui attribue également le petit modèle en cire pour sa statue du Pensieroso, ainsi qu'une ébauche de sa statue de David, qui font partie de la collection Buonarotti, à Florence; de même qu'une série de personnages en cire conservés au South Kensington Museum.

Le buste en cire de ce grand maître a été modelé par Leone Leoni, auquel on doit aussi une Diane.

On peut se rendre compte de l'emploi de la cire par les sculpteurs de talent, en lisant une lettre de cet artiste, sculpteur de Charles-Quint, au cardinal de Granvelle, alors évêque d'Arras. « Je vous prie de ne pas vous étonner si je ne vous parais pas prompt dans l'exécution des œuvres que je vous dois, car je ne manquerai pas de m'en acquitter au plus tôt; et si votre esprit voulait vous persuader que je suis lent, répondez-lui que dans tout le temps que j'ai eu pour travailler à ses œuvres, si l'on ne tient compte que des jours ouvrables, cela ne fait pas beaucoup plus d'une année ; or, dans ce laps de temps, j'ai exécuté peut-être dix grandes têtes au naturel, trente médailles, tant d'or et d'argent, avec la retouche, *que de cire* (1). »

Dans une autre lettre adressée au même évêque d'Arras, Leone Leoni lui raconte, à propos de sa médaille Felipina, que, s'étant épris de la beauté de la femme baptisée par lui du nom de Diane, il exécuta son portrait qu'il adressa ainsi au prélat : « Contemplez bien ce front, cet œil noir, cette bouche vermeille, ces cheveux d'or, ces dents divines, cette pudeur lascive. »

D'autre part, l'évêque d'Arras, dans une lettre qui semble être une réponse à celle de Leone Leoni, lui écrit : « Je vous envoie une médaille fondue ici, d'après celle que vous avez exécutée en cire de la belle Feli-

(1) *Leone Leoni, sculpteur de Charles-Quint*, et *Pompeo Leoni, sculpteur de Philippe II*, par M. Eugène Plon, Paris, 1887, p. 265 et 266.

pina, pour que vous voyez que l'orfèvre n'a pas mal réussi. » Il semble résulter de cette correspondance que l'évêque avait fait surmouler le médaillon en cire de la belle Felipina pour en obtenir ensuite une médaille en bronze. Ce même fait d'un médaillon en cire, d'après lequel une médaille a été fondue en bronze, se retrouve à propos d'un médaillon de cire colorée ; ce médaillon représente Michel-Ange, et appartient à M. Drury Fortnum, qui le croit fait d'après nature, avant l'exécution de la médaille, en 1561, par Leone Leoni. Ce médaillon porte cette légende : « Michaelangelus Bonarottus, flor. aet. s. ann 88 » ; et au-dessous du buste, la signature « Leo, etc. » Michel-Ange est représenté tête nue et barbu, le buste tourné à droite. Le médaillon de M. Drury Fortnum « est exécuté en cire couleur de chair, modelée en relief sur champ noir et de forme ovale. » Le champ paraît être également de cire ou peut-être de *pietra lavagna* enduite de cire. La tête et le buste sont tournés à droite, exactement de profil. Le modelé, admirablement soigné des traits du visage dénote la main scrupuleuse d'un artiste de première habileté et leur donne une expression plus vivante encore que la médaille. Le travail de la bouche et de l'oreille mérite d'être observé. La cire nous montre un col de chemise négligemment rabattu sur la partie supérieure du vêtement, qui paraît être une tunique, etc. La figure est de plus petite dimension que la médaille, car elle n'atteint tout au plus qu'un pouce un quart de hauteur (trois centimètres) tandis que la médaille, elle, mesure deux pouces (cinq centimètres). Que le portrait en cire soit de la même main qui a exécuté le modèle d'après lequel la médaille a été ensuite gravée, voilà qui ne peut être raisonnablement mis en doute (1).

Un exemple semblable d'une cire colorée, reproduite en bronze, a été signalé par M. Courajod; il s'agit d'un médaillon de bronze conservé au musée du Louvre, qui représente Catherine de Médicis; c'est l'empreinte exacte d'une cire colorée qui se trouve au musée des antiquités silésiennes de Breslau (2).

M. Emile Molinier a fait la même constatation pour un autre médaillon en cire que possède également le musée du Louvre. Il a trouvé en Italie un médaillon en bronze qui a été moulé sur celui en cire, lequel passait à tort pour représenter François della Rovere, duc d'Urbin. L'heureuse découverte de M. Emile Molinier a eu également pour résultat de nous faire connaître le véritable nom du personnage. Ce médaillon porte, en effet, pour légende : « Petrus Machiavelli Luciensis, » ainsi qu'un monogrmame de trois lettres, malheureusement presque disparu, parce qu'il se trouvait placé sur le bord de la pièce.

Ceci prouve néanmoins l'usage assez fréquent que l'on avait d'exécuter des médaillons en bronze à l'aide des originaux en cire, ce qui expliquerait même pour-

(1) *On the original portrait of Michel Angelo by Leo Leone*, « Il Cavaliere Aretino » by, C. P. E. Fortnum, F. S. A., 1875, extrait de l'*Archeological Journal*, t. XXXII, n° 125.

(2) *La Collection de médaillons de cire du Musée des Antiquités silésiennes de Breslau*, par M. L. Courajod, *Gazette des Beaux-Arts*, t. XXX, mars 1884.

quoi plusieurs de ces médaillons, qui ont dû être surmoulés sur des cires, n'ont pas de revers.

Il est bien probable que diverses médailles de la même époque, accusant un assez fort relief, ont eu la même origine, et nous avons la conviction que, notamment pour celles de Pisanello qui leur sont antérieures, la cire a dû être employée tout d'abord pour en exécuter le modèle. Il n'y a pas, du reste, que les médaillons en cire qui aient été coulés en bronze sans revenir pour cela sur la sigillographie, il en a été fait de même pour des empreintes de sceaux. N'omettons pas non plus certaines bulles de papes et de rois, telles que celles, d'or et d'argent, de Charles II, roi de Naples et de Sicile, d'Alphonse de France, frère de Louis IX, d'Edmond Plantagenet, roi de Sicile, qui existent au cabinet des médailles à Paris, et la bulle d'or de l'empereur Frédéric Ier Barberousse, qui faisait partie de la magnifique collection de bronzes de M. Julien Gréau, vendue à l'hôtel Drouot en 1885. Nous devons mentionner, en outre, certaines empreintes de sceaux en bronze au Kensington Museum, par exemple, l'empreinte du sceau du cardinal Vich, dont un exemplaire est conservé au musée du Louvre. Le modèle de cette dernière empreinte est attribué, par M. Fortnum, à Lautizio, de Pérouse.

Le musée du Louvre possède également deux empreintes en bronze des sceaux de Niccolo Perotti, évêque de Sponto et de Lorenzo Roverella, évêque de Ferrare (1).

(1) Consulter sur les bronzes et les plaquettes de la Renaissance le

Les collections de MM. Gustave Dreyfus et Piet-Lataudrie renferment aussi des spécimens du même genre.

Parmi d'autres artistes qui s'étaient fait un nom en exécutant des modèles de sceaux, il faut citer Enzola, de Parme, dont les Sforza, seigneurs de Pesaro, employèrent le talent. Benvenuto Cellini, lui-même, en a exécuté plusieurs. Il a même consacré un chapitre spécial aux sceaux des cardinaux dans son *Trattato dell' oreficeria* (1). Il cite notamment, comme étant l'auteur d'un grand nombre de sceaux, Lautizio (il vient d'en être question pour celui du cardinal Vich), qui se trouvait à Rome en même temps que lui, et dont il fait l'éloge, sans toutefois s'oublier lui-même. Cellini dit à ce sujet qu'il modelait sur une pierre noire « pietra nera piana et pulita » ses premiers modèles en cire des sceaux des cardinaux. Il faisait de même pour ceux de ses médailles « in uno tondo di pietra nera. » C'était du reste le procédé employé couramment par les artistes médailleurs de cette époque.

On conserve au musée de Florence le modèle en cire du Persée de Cellini. Le même artiste est l'auteur d'un portrait-médaillon en cire peinte de Francesco de Médicis, qui fut offert par ce prince à Bianca Capello, sa maîtresse, avant de devenir sa seconde femme, ainsi que l'indique ce billet accompagnant l'envoi, et qui nous a été conservé : « Bien-aimée Bianca de Pise, je

Catalogue raisonné, précédé d'une introduction, par M. Emile Molinier, t. Ier, Paris, 1886.

(1) Ed. Milanesi-Florence, 1857, in-18, p. 99.

vous envoie mon portrait que m'a fait notre Cellini, en lui, prenez mon cœur. — Don Francesco. » Ce billet n'est pas daté, mais il est assurément antérieur à 1571, Cellini étant mort en février de cette même année.

On voit aussi, par les *Mémoires* de Cellini, qu'il exécuta le modèle en cire d'une médaille de Bembo, chez lequel il avait été si bien accueilli à Padoue. L'inventaire qui fut fait après le décès de l'artiste indique également, sous le n° 334, *due scalolini di ritrati del serenissimo Principe Abbozzatti,* ce qui semblerait désigner des portraits de cire. Dans un autre document concernant le même artiste, il est fait cette mention sur son relevé de comptes des travaux exécutés par lui pour le cardinal de Ravenne, « per uno ritratto grande di cera scudi cento (1) ». Ceci nous paraît bien devoir se rapporter au portrait même de ce cardinal. Lastri signale, en outre, du même artiste, un portrait en cire d'Alexandre de Médicis, que l'on voyait suspendu au plafond de l'église de l'Annunziata, à Florence, parmi les figures votives.

Dans la même ville, Pierino de Vinci, neveu du grand Léonard, exécuta, pour la chapelle de Santa-Croce, le modèle en cire d'un tombeau, puis ensuite la réduction du Moïse de Michel-Ange, toujours en cette même matière.

Parmi les autres artistes habiles de cette époque, il faut citer Andrea del Verrocchio, qui fut peintre et sculpteur en terre, *en cire* et en marbre, ciselant pour

(1) *Benvenuto Cellini*, par M. Eugène Plon.

les orfèvres des bas-reliefs, des coupes, chandeliers, agrafes de chapes, etc. (1).

Andrea del Verrochio fut l'ami d'un maître cirier célèbre, Orsino dit le Caraïuolo. Cet artiste appartenait à une famille composée de Jacopo Benitendi, son oncle et Zanobi, son cousin, qui s'étaient fait une certaine réputation, en se distinguant par leur talent, des *vulvoli*, ou faiseurs d'images ordinaires. Ils étaient même désignés sous le nom de *Sallimagini* ou *del Ceraïuolo*. Comme Orsino, nous dit Vasari, avait très bon jugement dans cet art, il lui enseigna comment il pouvait devenir excellent. Sous la direction du grand artiste, le cirier exécuta les images que Laurent de Médicis, échappé miraculeusement à la conjuration des Pazzi, en 1478, voua aux églises de Sainte-Marie-des-Anges, à Assise, et de l'Annunziata de Servi, à Florence. « D'où il arriva, ajoute Vasari, qu'Orsino, avec l'aide et sous la direction d'Andrea, en fit trois de grandeur naturelle. L'ossature intérieure était en bois, entre-croisée de cannes fendues ; elle était recouverte d'étoffes enduites de cire avec de si beaux plis et tant d'élégance, qu'on ne peut rien voir de mieux qui soit plus semblable à la nature. Quant aux têtes, aux

(1) On lui attribue à tort le procédé du moulage par l'empreinte du plâtre, pris sur un visage, ce qui s'était déjà pratiqué dans l'antiquité et au moyen âge. D'ailleurs, Cennino-Cennini, élève de Giovani Pisano, mort en 1437, à l'âge de quatre-vingts ans, avait signalé avant lui, dans son *Traité de peinture*, les divers procédés de moulage pour « tout le nu d'un homme, d'une femme, d'un animal, et comment on peut se mouler soi-même. » Consulter sur ce sujet la traduction française de cet ouvrage par M. Victor Mottez, Paris, 1858.

mains, aux pieds, il les fit de cire un peu plus épaisse, mais creuse à l'intérieur, il les copia sur la nature et peignit à l'huile les ornements, les cheveux, et tous les autres détails réels, selon qu'il était besoin, et tout cela fut tellement bien exécuté, que ces ouvrages n'étaient plus des hommes de cire, mais des hommes tout à fait vivants (1). »

Orsino était le cirier attitré de la famille des Médicis. Aussi, peut-on lui attribuer, avec quelque vraisemblance, la remarquable tête en cire du musée de Lille, collection Wicar, qui est véritablement le chef-d'œuvre connu de la céroplastique. Nous serions même assez porté à croire au moulage pris sur nature, et retouché très habilement, de la figure d'une princesse de la famille des Médicis (2).

Le peu d'épaisseur de la cire, les yeux assez petits et légèrement renfoncés dans leur orbite, l'ensemble des traits du visage, et la chevelure elle-même, que l'on dirait moulée directement sur nature, et reprise ensuite à l'ébauchoir, semblent nous permettre une telle opinion. Assurément l'artiste a mis dans cette œuvre de premier ordre, la marque incontestable d'un très grand talent. Il lui a communiqué la vie et le

(1) Vasari, édition Milanesi, t. III, *Vie d'Andrea del Verrochio.*

(2) Vasari nous dit, du reste, à propos de Verrochio, le maître et l'ami d'Orsino, qu'il moulait « des mains, des pieds, des genoux, des jambes, des bras, des torses, afin de les copier à son aise. Bientôt après (ajoute-t-il) on vint à mouler à peu de frais les visages des personnes mortes ; aussi voit-on dans chaque maison de Florence, au-dessus des cheminées, des portes, des fenêtres, une foule de portraits auxquels il ne manque que la parole pour paraître vivants. »

charme que donne la jeunesse et la grâce; on croit avoir sous les yeux une sculpture (*dal vivo*) sur nature, ou prise sur le vif, comme on disait alors. Aussi, M. Feuillet de Conches, a-t-il pu dire avec raison : « Rien ne surpasse en dignité simple et chaste, en élévation idéale, en finesse de modelé, ce buste de sentiment tout raphaélesque. » MM. Jules Renouvier et Louis Gonse (1) ont attribué, avant nous, cette œuvre à Orsino; nous partageons entièrement leur opinion. La tête de cire du musée de Lille est une de ces figures votives dont l'usage était si fréquent dans les églises d'Italie, à tel point que, dans certains de ces édifices, les parois des murs en ayant été recouvertes entièrement, on dut suspendre les nouvelles venues aux voûtes. Leur poids devint un danger pour les fidèles, il fallut relier les murailles entre elles au moyen de chaînes. Plusieurs se détachèrent de la voûte, entre autres les statues d'Alexandre de Médicis et de Bernardo Lucalberti, ce qui les fit enlever des églises, et fut très certainement une des causes de leur destruction. Parmi les églises d'Italie qui renfermaient le plus de ces figures de cire, il faut citer surtout celle de l'*Annunziata*, à Florence, à cause du culte de la Vierge, à laquelle non seulement les parents défunts étaient recommandés par leurs survivants, mais ces derniers eux-mêmes se mettaient sous sa protection, en offrant leur image en cire, avec celles de leurs ancêtres (2).

(1) *Gazette des Beaux-Arts*, 15 septembre 1859 et 1er mars 1878.

(2) Il existait aussi en France des statues de cire. Le *Traité des Statues*, par François Lemée (1688), signale des statues de cette matière

Ces images de cire nous amènent à parler des effigies et de leur usage dans la cérémonie des funérailles des rois ou autres grands personnages. On possède des détails curieux sur celles de la reine Jeanne de Bourbon, femme de Charles V (1377), et de Charles VI (1422). Pour ce dernier, « maistre François d'Orléans, peintre et valet de chambre dudit feu seigneur, fut chargé de mettre en couleur le chief et visage d'iceluy moslé et faict sur son propre visage et après le vif le plus proprement qu'on a peu. » La figure du défunt était reproduite en cire, grandeur naturelle. Elle était même moulée sur nature, ainsi que nous venons de le constater. Il fut fait de même pour l'effigie de Philippe de Valois, en 1350, suivant la *Chronique de Monstrelet*, puis pour le roi Charles VII. Jacob de Lictemont est mentionné dans les comptes royaux de 1461, comme ayant « moulé et empreint » la tête du feu roi sur son lit de mort. « A Jacob de Lictemont, peintre, pour avoir moulé et emprcint le visage du dict feu seigneur, pour servir à l'entrée de Paris, etc. » (*Compte des obsèques de Charles VII.*)

De même encore pour le roi Louis XII et Anne de Bretagne, par Jehan Perreal, ainsi que l'indique le compte suivant : « A lui la somme de 40 l. t. pour avoir par lui faict, à grand diligence, de jour et de nuyct, à cause que l'on hastoit l'œuvre, le visaige du

qui existaient dans les églises. « Il y en avait trois au siècle passé (c'est-à-dire au XVIe siècle) qui subsistaient encore dans l'église Notre-Dame de Paris, l'une était du pape Grégoire IX (1227-1241); l'autre de son neveu, et la dernière d'une de ses nièces.

dit feu Roy après du vif et une perruque selon la sienne, dont il avait payé 4 l. t.; faict le corps, bras et jambes, etc. (1). »

Ces effigies étaient revêtues des insignes de la royauté et présentées ainsi au public, tenant d'une main le sceptre et de l'autre la main de justice.

Dans un manuscrit de la bibliothèque de Rennes, on voit l'effigie de la reine Anne de Bretagne, étendue sur un lit de parade et revêtue de ses vêtements royaux. Autour sont assises les dames de la cour, dans l'attitude de la prière.

Ce passage, relatif aux obsèques du cardinal d'Amboise, en 1510, a trait au même usage. « Et sur led. lit estoit l'effigie dud. seigneur pourtraite au vif ornée d'habits archiépiscopaux. »

Ce fut le peintre François Clouet qui fut chargé de mouler, puis de modeler ensuite les effigies de François Ier et de Henri II (2).

La même formalité fut remplie en 1531 pour Louis de Brézé, le mari de Diane de Poitiers. « Sur led. drap estoit l'effigie dudit sieur Louis de Brézé, pourtraicte au plus vif que faire on peult. »

Il existe également des documents intéressants sur

(1) *Archives nationales*, KK 89. *Funérailles du roi Louis XII*, 1515, fol. 45-51. Publié par M. Jules Guiffrey dans les *Nouvelles archives de l'Art français*, année 1879, t. Ier, 7e vol. de la collection.

(2) *Renaissance des Arts à la cour de France*, par le comte Léon de la Borde, titre Ier. Les trois Clouet, p. 82-90.

Compte des obsèques de Henri II; voir les détails intéressants publiés par M. de Grandmaison. (*Mém. de la Société archéol. de Touraine*, t. XX, p. 82).

les funérailles de Charles IX, et les effigies du cardinal de Birague (1583), du duc d'Anjou (1584), du duc de Joyeuse (1588), de Catherine de Médicis (1589), etc.

Pour les obsèques de François d'Anjou en 1584, on lit encore : « Sur ce grand lict d'honneur estoit posée l'effigie dud. feu seigneur, tirée au vif et d'après la nature, les yeux levés vers le ciel, les mains jointes. »

La coutume était d'exposer l'effigie du roi durant quarante jours entre sa mort et ses funérailles. Cette exposition variait de durée suivant la qualité de celui que l'on prétendait honorer (1).

Il arrivait que, parfois, des vivants eux-mêmes se prêtaient à cette cérémonie, si bien que, dans les anciens

(1) L'effigie du roi sur un lit de parade, était servie par ses grands officiers, comme de son vivant ainsi que l'on peut en juger par cet extrait des obsèques du roi Charles IX : « Et est à entendre et sçavoir que durant que le corps fut en effigie en icelle salle que aux heures du dîner et souper les formes et façons du service furent observées et gardées tout ainsi qu'on avait accoutumé faire faire du vivant du dit seigneur étant la table dressée par les officiers de fourrière, le service apporté par les gentilshommes, servants, panetier, échanson et écuyer tranchant, l'huissier marchant devant eux, suivi par les officiers de retrait de gobelet qui couvroient ladite table avec les révérences et essais que l'on a accoutumé de faire, puis après le pain défait et préparé la viande et service conduit par un homme maistre d'hostel, panetier, pages de chambres, écuyer de cuisine, etc. ; garde-vaisselle, la serviette présentée par le dit maistre d'hostel au plus digne personnage qui se trouve là présent pour essuyer les mains dudit Seigneur ; la table bénite par quelque cardinal ou prélat, les bassins à eau à laver présentés à la chaise du dit seigneur comme s'il eust été vif et assis dedans, les trois services de ladite table continués avec les mêmes formes, cérémonie et essais comme ils le voulaient faire en la vie du dit seigneur, sans oublier ceux avec la présentation de la coupe aux endroits et heures que le dit seigneur avait accoutumé de boire à chacun de ces repas. »

Comptes, on trouve cette mention : « Tant à un tel pour avoir fait le chevalier mort. »

Après l'assassinat des Guise, à Blois, on célébra en leur honneur un service funèbre qui eut lieu à Toulouse, aux Pénitents noirs. Les effigies des princes y figuraient. « Les deux princes étaient dépeints tous deux en trois endroits : premièrement au grand autel, où Monsieur le cardinal était, à dextre avec son rochet et robe rouge de pourpre, à genoux, tête nue ; et Monseigneur le duc de Guise étoit à main gauche, aussi à genoux, tête nue et armé de toutes pièces ; secondement, au beau milieu de l'église, près la chapelle ardente, ces deux princes étoient couchés en deux lits de triomphe, vêtus, l'un de rouge et l'autre de blanc ; et, en troisième lieu, ils étoient encore devant la grand'porte de l'église, revêtus tous deux de leurs habits ordinaires, poignardés en plusieurs endroits, et sur leur visage et sur leur corps (1). »

Même particularité pour les funérailles de Henri IV, qui durèrent quarante jours. Malherbe cite trois artistes qui ont concouru pour exécuter son effigie. Voici, du reste, ce qu'il dit dans une lettre du 26 juin 1610 : « Il se fit deux effigies par commandement ; Duprez en fit l'une et Grenoble l'autre ; celle de Grenoble l'emporta pour ce qu'il eut des amis, il ressembloit fort à la vérité, mais elle étoit trop rouge et étoit faite en poupée du Palais. Celle de Duprez, au dire de tout le

(1) L'advertissement particulier et véritable de tout ce qui s'est passé en la ville de Tholose. *Archives curieuses de l'histoire de France*, 1re série, t. VIII, p. 259.

monde, était parfaite. Je fus pour la voir, mais elle étoit déjà rendue. Je vis celle de Bourdin qui n'étoit pas mal : cette effigie fut vêtue d'un pourpoint de satin cramoisy rouge, d'une robe de velours violet fleurdelisé, les semelles de cramoisy rouge. »

Germain Jacquet, dit Grenoble, est un sculpteur bien connu ; sa famille compte, aux XVIe et XVIIe siècles, un certain nombre d'artistes ; on lui doit une statue équestre en bas-relief d'une des cheminées de Fontainebleau.

Famille d'artistes également, les Bourdin ou Boudin d'Orléans. L'un d'eux, Thomas, est l'auteur d'un bas-relief du pourtour du chœur de Notre-Dame de Chartres (qui fut exécuté par lui vers 1611 et porte sa signature). Michel, qui nous occupe, a fait plusieurs tombeaux, notamment ceux de Louis XI, à Cléry, et de Diane de Poitiers, signés en toutes lettres : Michel Bourdin Aurelianensis. Sur un acte de naissance de l'un de ses enfants, du 8 novembre 1609, il est qualifié de *sculpteur en cire*.

Deux de ces bustes de Henri IV nous ont été conservés ; l'un fait partie de la collection du duc d'Aumale, à Chantilly ; il a appartenu précédemment au prince de Condé. L'autre buste a été acheté par M. Desmottes à la vente de M. Beurdeley père, qui lui-même le tenait du musée de Lausanne. Suivant l'opinion émise par M. Germain Bapst (1), qui a consacré un article spécial, dans la *Gazette des Beaux-*

(1) *Le masque de Henri IV, de la collection de Chantilly*, par Germain Bapst (*Gazette des Beaux-Arts*, 1891).

Arts, à celui de Chantilly, ce dernier serait de Duprez, et l'autre buste, appartenant à M. Desmottes, de Michel Bourdin. Ce qu'il y a de certain, c'est que ces bustes ne sont pas semblables. Celui de Chantilly est plus saisissant comme vérité, et l'autre buste, de la collection de M. Desmottes, d'un caractère plus idéal.

Cette coutume des effigies s'est continuée en France jusqu'à la fin du XVIIe siècle. La dernière dont nous ayons rencontré la mention est celle du prince de Condé, en 1646. La reine Marie-Thérèse d'Autriche fut la première personne royale pour laquelle ce service (suivant le mot employé à l'époque) n'eut pas lieu.

Citons à Londres plusieurs effigies royales qui ont résisté à la destruction ; elles se trouvent conservées dans une chambre d'une des tours de l'abbaye de Wesminster ; l'expression de ces effigies, revêtues des costumes de leur époque, est d'un réalisme effrayant.

Le château de Peterhof, bâti par Pierre le Grand, renferme une effigie de ce roi, grandeur naturelle, revêtue d'un costume de soie violette de l'époque Louis XV.

On voit également à Berlin, au musée de la maison royale (Hohenzollern), des bustes en cire d'enfants royaux du XVIIIe siècle.

Il nous tarde de revenir aux médaillons en cire dont nous avons parlé déjà à propos de celui de Benvenuto Cellini, offert si gracieusement par Francesco de Médicis à Bianca Capello, de même que d'un autre de la belle Felipina par Leone Leoni.

D'autres artistes italiens du XVIe siècle ont excellé

dans ce genre de portraits, et la vogue en fut considérable à cette époque. Ces portraits-médaillons en cire polychrome étaient rehaussés de dorure, et les bijoux étaient souvent composés de paillettes et de perles qui enrichissaient encore les costumes et leurs accessoires. Un habile sculpteur de Ferrare, Alfonso Lombardi, excellait dans sa jeunesse à travailler la cire ; c'est ainsi qu'il exécuta les portraits-médaillons du prince Doria, duc de Ferrare, de Clément VII, de l'empereur Charles-Quint, du cardinal Hippolyte de Médicis, du Bembo et de l'Arioste.

Étant à Cologne au moment du couronnement de Charles-Quint, il fut désigné pour faire les ornements de la porte San-Petronio. Ses médaillons lui acquirent une telle réputation que tous les seigneurs de la cour lui commandèrent des travaux. Suivant Vasari, Pastorino de Sienne, l'habile médailleur, fut son émule en ce genre. « Pastorino de Sienne a acquis, dit-il, de la célébrité par ses portraits. On peut dire qu'il a fait les portraits de tout le monde, aussi bien ceux desseigneurs que ceux des petites gens. Il inventa un stuc qui rendait, dans les couleurs naturelles, la barbe, les cheveux et la peau, de façon que ses figures semblaient vivantes. Mais il se recommande surtout par son habileté à graver les médailles. Je serais trop long si je me mettais à énumérer tous ceux qui modèlent des médaillons en cire, car aujourd'hui il n'y a pas un seul orfèvre qui ne s'en mêle. Bien des gentilshommes même s'y sont appliqués, comme Gio. Battista Sozzini de

Sienne et le Rosso de Guigni, à Florence, et une infinité d'autres dont je ne veux pas m'occuper. »

Un autre médailleur, Antonio Abondio, Milanais, avait acquis une grande réputation pour la qualité de ses petits portraits.

Nous ne saurions omettre également de citer Antonio Cossone parmi les artistes ciriers de la fin du XVIe siècle, qui exécutait des bas-reliefs en cire polychrome et auquel certains connaisseurs attribuent la *Léda* en cire de la collection Davillier, actuellement au Louvre.

Dans la seconde moitié du XVIIe siècle, l'abbé Don Gaetano Guilio Zumbo, né à Syracuse en 1637, passait pour très habile dans l'art de modeler les figures de cire colorée, ainsi que les plantes et autres objets. Mariette dit avoir vu à Florence des compositions anatomiques remarquablement exécutées et d'une vérité étonnante. Il signale aussi de lui deux cires colorées importantes que cet artiste avait apportées avec lui en France, la *Nativité de Jésus-Christ et sa Sépulture*. Nous reviendrons sur cet artiste à propos des pièces anatomiques en cire. Il nous sera permis de mentionner en passant au musée Correr, à Venise, une cire intéressante par le nombre des personnages représentés. Le sujet est une bataille de cavaliers romains dont l'encadrement est aussi compliqué sous le rapport de l'exécution que le sujet lui-même.

Pendant que les artistes italiens du XVIe siècle modelaient en cire les sujets les plus délicats, la vogue en Allemagne était aux médaillons-portraits sur bois ou sur pierre de Solenhosen ou de Munich, ainsi qu'aux petits sujets exécutés en buis, d'une finesse et d'une habileté surprenante tels que des grains de chapelet ou patenôtres. On connaît le petit groupe en pierre de speckstein de la collection Sauvagot, au Louvre, mentionné sous cette désignation : la *Jolie fille d'Augsbourg et le prince de Bavière*. Il fait partie d'une suite de douze sujets gravés, en 1538, par Aldegrever, intitulés : *les Danseurs de corde*. Il porte même le monogramme de l'artiste.

Le kalkstein est une pierre lithographique dont il existe deux sortes ; le speckstein, cité plus haut, qui est d'une substance très fine et d'un gris verdâtre, et le kelheimerstein, d'un ton jaunâtre et moins fin de grain (1).

Les sculpteurs d'Augsbourg travaillaient surtout le bois, tandis que ceux de Nuremberg employaient de préférence la pierre. Parmi les premiers, Hans Schwarz passait pour un des plus habiles. A Nuremberg, avec le célèbre Albert Durer et Aldegrever (qui ont peut-être fait des sculptures) il faut citer Ludovig Krug, L. Haguenauer, Hans Daucher et Peter Flötner. Ce dernier sculptait aussi des sujets en cire blanche.

La Westphalie possédait également un certain nombre d'artistes aux XVe et XVIe siècles qui pratiquaient ce genre de sculpture.

A l'exemple des Italiens, les artistes allemands ne tardèrent pas à modeler des médaillons-portraits en cire, dont la matière se prêtait encore mieux que le

(1) *Le livre des collectionneurs*, par M. Alphonse Maze-Sencier (Paris, Renouard, 1885).

bois à la rapidité de l'exécution et aux finesses de l'ébauchoir. L'Allemagne, au XVIe siècle, compta d'habiles céroplasticiens, parmi lesquels nous mentionnerons plus particulièrement, pour ce qui est relatif aux médaillons en cire, Laurent Strauch, Wenceslas Müller et Christian Mahler de Nuremberg, Weilhenmayer, etc.

En résumé, tous ces portraits-médaillons en cire constituent de précieux documents pour l'iconographie et l'histoire du costume, on peut en juger par ceux conservés aux musées de Cluny et du Louvre, de Breslau, de Cassel, au South-Kensington-Museum, de même que dans les collections de MM. Spitzer (1), Richard Wallace, Gustave Dreyfus, Vasset, Emmanuel Bocher, etc. Leur intérêt est tout aussi réel que celui des portraits des médailleurs et des peintres en émail, Jean II, Penicaud, Léonard Limousin, ou des dessins de Léonard Gaultier, de Lagneau ou des Dumonstier. Le musée de Cluny conserve les portraits de Louis XII et d'Anne de Bretagne, François Ier, Charles-Quint, Catherine de Médicis, Henri III, Charles IX, la reine Marguerite de Navarre, Louise, reine de France ; le duc et la duchesse de Savoie, la duchesse de Nevers, Clément Marot, le duc de Guise, le prince de Condé, Jean Philippe, comte du Rhin, etc. Au musée des antiquités silésiennes de Breslau, on retrouve les portraits de Clément Marot, Catherine de Médicis, Charles IX, Henri II, Henri III, Marguerite de Valois,

(1) V. Spire Blondel : *Les cires de la collection Spitzer et les modeleurs en cire.* (*Gazette des Beaux-Arts,* 1881 et 1882.)

puis Diane de Poitiers, la reine d'Ecosse, Marie Stuart; Charles, duc d'Orléans; Louis, cardinal de Bourbon; le chancelier de France, François-Ollivier Mélanchton; Martin Luther; François, duc d'Alençon; le comte Ringrave, comte palatin du Rhin; François de Lorraine, duc de Guise; Jean, cardinal de Lorraine, et un personnage anonyme (1).

Parmi d'autres médaillons en cire très intéressants, le Louvre possède celui d'Anne de Montmorency, que Jal attribue à Philippe Danfrye, le graveur en médailles, qui était habile également à travailler *d'après le vif en cire*. Né vers 1534, il demeurait dans le faubourg Saint-Antoine, et avait obtenu les fonctions de tailleur général des monnaies de France, qui lui avaient été octroyées par Henri III et Henri IV. Réfugié à Tours pendant la Ligue, il y réside avec sa famille, exécutant avec son fils des portraits en cire colorée. Des lettres patentes lui furent octroyées, en 1606, par Henri IV, à la suite duquel il rentra en France. Sur ces lettres, il est fait mention de ses fidèles et agréables services, tant en l'exercice de son art qu'en plusieurs belles inventions de *cirgraphie*. Son fils, Philippe II Danfrie, élève de son père, naquit vers 1572 et mourut, au Louvre, en 1604. Il fut nommé, dès 1590, contrôleur général des poinçons et effigies du roi pour la monnaie, avec le nom de Philippe Danfrie le jeune. Au dire de ses contemporains, « il travailla fort bien d'après le vif en cire, et modela des portraits bien excellents et beau-

(1) Dans l'inventaire de Catherine de Médicis (n° 275) figure « ung portrait en cire, enchassé d'ébène, de M. le duc de Lorraine. »

coup estimés par ceux qui se cognoissent à la peinture. » Ce fut Guillaume Dupré qui succéda à Philippe II Danfrie dans sa charge de contrôleur général des poinçons et effigies à la Monnaie ; nous en avons déjà parlé, ainsi que de Michel Bourdin, à propos des bustes de Henri IV, des collections du duc d'Aumale et Desmottes.

On connaît les admirables médaillons en bronze exécutés par Abraham et Guillaume Dupré, de même que ceux de Jean Varin ; ce sont les plus grands médailleurs français, et leur talent a égalé celui des plus habiles maîtres italiens et allemands. Quant à Michel Bourdin, à l'instar de son confrère Philippe Danfrie, nous avons vu précédemment qu'il s'était fait une spécialité par ses portraits en cire.

Sous Louis XIII, le journal d'Héroard mentionne le sculpteur Francisco et Jean Paulo ou Paolo. Ce dernier exécuta le portrait en cire du petit dauphin et de sa nourrice. Le jeune prince s'efforça de l'imiter sans doute, car le journal d'Héroard nous le signale, l'année suivante, comme s'exerçant à « travailler la cire ». Ce sont surtout des ciriers italiens que l'on rencontre à cette époque, notamment Bernardino Azzolini de Naples, sur lequel l'*Abecedario de Mariette* nous fournit d'intéressants détails.

Sous Louis XIV, nous voyons, par un acte consulaire de la ville de Lyon (série BB, reg. 213) que Nicolas Bidault, sculpteur, fut désigné en 1658 « pour faire d'ores en avant, privativement à tous autres, les portraicts en cire de messieurs les prévosts des marchans et eschevins. » L'année d'après, Bidault touchait 300 livres pour ce travail, ainsi que pour avoir fait le portrait du maréchal de Villeroy. On lit, dans le *Mercure* du mois d'octobre 1682, « qu'il se fait des portraits achevez en différentes manières, en peinture, gravure, *cire*, sculpture, en pastel et en mignature ». En 1685, le duc du Maine reçut comme étrennes de Mme de Thianges une « *chambre du sublime* grande comme une table, où l'on voyait quantité de petites figures de cire représentant des personnages connus, beaux esprits et femmes de lettres. »

Un grand artiste, Coysevox, est cité dans un document comme demandant une somme de 1,600 livres au prince de Conti, en 1688, « pour avoir fait le modèle et fourny la cire, fait mousler, pour touttes les ustensiles et avoir fondu en bronze, rendu, posé, fait et parfait en la place qui lui a esté ordonné, le buste de feu monseigneur le prince de Condé. »

Enfin, les frères Keller, venus de Suisse à Paris, sont mandés par le roi, en 1683, et, dans un acte avec Louvois, s'engagent « de jetter en bronze à cire perdue toutes les statues qui seront ordonnées par le Roy, au prix de 1,200 livres pour chacune figure de la hauteur d'entre six et huit pieds, et de 300 livres d'augmentation pour celles qui iroient au-dessus de huit pieds, et de 300 livres de diminution pour celles qui iroient au-dessous de cinq pieds et demi ». Ce marché nous a valu des chefs-d'œuvre, que le temps n'a malheureusement pas toujours épargnés. On connaît le procédé de la cire perdue, qui permet de conserver à la fonte toutes les finesses de l'ébauchoir. C'est ainsi qu'un grand nombre d'artistes de l'antiquité, du moyen âge, de la renaissance et des temps modernes ont agi pour leurs œuvres coulées en bronze : de même que certains bronzes chinois et japonais, qui font aujourd'hui notre admiration, ont été obtenus par ce moyen, toujours si périlleux dans la pratique, mais dont la supériorité artistique est incontestable.

Au XVIIe siècle, parmi les plus habiles céroplasticiens allemands, nous devons citer Raymond Faltz et Braunin, ainsi que Daniel Neuberger d'Augsbourg, qui modela, pour l'empereur Ferdinand III, des petits bas-reliefs en cire coloriée, notamment des batailles et des faits historiques. Son frère, plus jeune que lui, continua son art au XVIIIe siècle. Ces deux artistes passaient pour avoir découvert un procédé qui donnait à la cire, avec le temps, la dureté du marbre.

Nous aurions également à faire la part de l'Espagne pour des œuvres dues à des céroplasticiens; c'est, du reste, le pays par excellence des statues de cire employées pour représenter les saints ou pour les figurines religieuses, de même que pour des groupes composés de nombreux personnages aux costumes variés et multicolores, reproduisant diverses scènes de la vie privée. Nous pourrions aussi indiquer les noms de plusieurs sculpteurs et habiles modeleurs, tels qu'Alonzo Cano et autres; malheureusement, les documents nous font presque entièrement défaut sur les auteurs de ces figures de cire que l'on rencontre encore si fréquemment dans les églises d'Espagne. Il existait cependant à

Madrid, au XVIIe siècle, un habile céroplasticien, Gutieurez de Torices, lequel exécutait des figures, des fruits et même des reliquaires, etc., etc.

Pour revenir à la France, nous mentionnerons également l'habile ivoirier Chevalier, qui modelait aussi la cire, ainsi qu'Anne-Maria Pfründ. Mais il nous faut citer surtout un artiste célèbre en ce genre, et qui jouissait, sous Louis XIV, d'une grande vogue parmi ses contemporains; nous voulons parler d'Antoine Benoist, *peintre du roi et son unique sculpteur en cire.*

On conserve à Versailles, dans la chambre à coucher de Louis XIV, un très intéressant portrait en cire colorée de ce monarque, vu de profil, indiquant comme âge la soixantaine environ; l'expression de la physionomie est d'un réalisme surprenant. Aussi, « qui n'a pas vu cette effigie, dit en la citant Feuillet de Conches, ne connaît qu'imparfaitement le grand roi, ce Jupiter olympien dont la vaste perruque achève l'imposante grandeur (1) ». « Rien ne peut, écrit à ce sujet M. Eudore Soulié (2), donner une idée de l'effet saisissant, de l'illusion extraordinaire que produit cette image presque vivante du grand roi. On y distingue les traces très visibles de la petite vérole, détail qui n'existe sur aucune des effigies peintes, sculptées ou gravées. De tous les portraits de Louis XIV qui nous restent, celui de Benoist devra être désormais consulté

(1) Feuillet de Conches, *Causeries d'un curieux.*

(2) *Notice sur Antoine Benoist,* 1856.

avant tout autre. » Aussi Louis XIV (1) conféra-t-il la noblesse à l'artiste, « qui a fait onze fois (suivant la *Lettre de relief*, de dérogeance (2), d'après nous, en cire, en peinture et en différents âges notre portrait, cinq fois celui de notre cher fils, plusieurs fois ceux de nos petits fils le duc de Bourgogne, le Roy d'Espagne et le duc de Berry; ceux des reines, nos très chères, honorées mère et épouse, encore ceux des personnes de notre maison royale et d'autres princes et princesses de notre Cour, etc. » Il n'est pas étonnant, avec ce qui précède et ce qui suit, qu'un artiste de la valeur d'Antoine Benoist soit arrivé à une telle ressemblance pour le portrait de Versailles. Le *Mercure galant* dit, en effet, que : « par une bonté particulière, le roi a bien voulu lui accorder tout le temps qui lui a esté nécessaire. On y voit un air vif et naturel auquel il ne manque que le mouvement pour faire croire que c'est quelque chose de plus qu'un portrait ».

Antoine Benoist était né à Joigny, vers 1631, et, dès l'âge de vingt-six ans, il figurait sur la liste des peintres de la maison du roi, aux appointements de 30 livres. Il fit les bustes en cire « de tous les princes, princesses, ducs, duchesses, etc., qui composaient *le cercle* de la feu Reine » Anne d'Autriche.

(1) Son père, Jean Benoist, était d'origine noble, mais il avait dérogé par sa profession de menuisier-sculpteur sur bois. La lettre est datée du 25 juillet 1706 (*Nouvelles archives de l'Art français*, Paris, 1872). Documents communiqués et annotés par MM. Anatole de Montaiglon et J.-J. Guiffrey.

(2) Ses armoiries étaient d'or à trois abeilles de sable, deux en chef et une en pointe, et sur le tout un voile d'azur semé d'abeilles d'or.

Un privilège lui fut même accordé, en 1668, pour exhiber cette collection à Paris et en province. Cette exhibition lui acquit un grand renom, ainsi que les vers qui suivent l'indiquent :

Quel spectacle s'offre à nos yeux?
Le cercle est vivant. On dirait qu'il respire.
Benoist, ton art ingénieux,
Par un secret nouveau, semble animer la cire.
J'admire ton rare talent;
Tes portraits, d'un goût excellent,
Causent une surprise extrême;
On croit voir la personne même,
Et jamais on n'a fait rien de plus ressemblant.

Cela n'était pourtant pas du goût de La Bruyère, qui se permit de comparer Benoist à un « Charlatan montreur de marionnettes » (*Caractères*, t. XII).

Telle n'était pas l'opinion d'Abraham Bosse (1) lorsqu'en 1666, il écrivait ceci : « Pour les beaux et surprenants portraits en cire de M. Benoist, je dis que si ceux qui ont prétendu le mépriser en avaient vu comme moi à qui il a donné un air de vie, ils n'auraient pas été si prompts à déclamer contre une si belle invention. »

L'abbé de Marolles rend hommage au talent de Benoist dans le quatrain suivant (2) :

C'est Antoine Benoist, de Joigny en Bourgogne,
Qui fait toute la Cour si bien au naturel
Avecque de la cire, où se joint le pastel
Que de la vérité l'âme seule s'élogne.

(1) *Le peintre converti aux précises et universelles règles de son art.*
(2) *Livre des peintres et graveurs.*

Faut-il envisager comme une critique habile ce passage d'une lettre de Mme de Sévigné à sa fille, écrite le 8 avril 1671 : « Adieu, ma très aimable enfant; je ne pense qu'à vous. Si, par un miracle que je n'espère ni ne veux, vous étiez hors de ma pensée, il me semble que je serais vide de tout, comme une figure de Benoist. » On conçoit cependant qu'avec une telle vogue l'artiste fut invité à venir en Angleterre, où il fit les portraits de Jacques II et de sa Cour. En plus de ses œuvres en cire, Antoine Benoist a exécuté des modèles en terre et peint des miniatures dont le cabinet des médailles, à la Bibliothèque nationale, possède une vingtaine. Elles sont en grisaille, sur vélin, et portent la signature A. Benoist, *pinxit*. On y voit, d'après ces médailles, onze portraits de Louis XIV, de 1643 à 1704, et d'autres portraits : de Louis XIII, Anne d'Autriche, Marie-Thérèse, le grand Dauphin et sa femme, le duc d'Anjou, le duc de Berry et le duc et la duchesse de Bourgogne. Vers la même époque qu'Antoine Benoist, ou plutôt au commencement du XVIIIe siècle, d'autres céroplastes continuaient à l'étranger à exercer le même art que leurs prédécesseurs. Il faut citer notamment Frédéric-Guillaume Dubut, de Munich, sculpteur et graveur de médailles : « Il travailla aussi la cire, suivant Nagler, et fit dans ce genre des figures et des reliefs qui, dans ce temps-là, jouissaient d'une grande estime. » Il exécuta le buste en cire coloriée de Stanislas, roi de Pologne, des médailles de Pierre le Grand, de Catherine, de sa fille Élisabeth, de Pierre Schouvaloff, etc., ainsi que d'autres médaillons pour les cours de Munich et de Dresde. Il mourut à Dantzig. On lui attribue certaines cires du Musée de Berlin, entre autres celle de Frédéric II, et le portrait de Pierre le Grand, qui se trouve à Saint-Pétersbourg, dont il vient d'être fait mention. Il existe également, dans la collection de M. le baron Pichon, un médaillon du grand Dauphin, portant la signature de l'artiste, ainsi qu'une médaille en bronze, signée : C. Dubut, f., 1719.

Parmi les autres modeleurs en cire, étrangers au XVIIIe siècle, il faut citer Kraftt, qui a surtout séjourné à Vienne et à Munich, puis Michel Trautmann, de Bamberg, et plus tard Lehrner ou Lerner, qui est qualifié de sculpteur de la cour palatine sur le livret du Salon de la *Correspondance de* 1788, où il exposait alors deux petits portraits, celui d'un homme et d'une femme, qui lui valaient cette mention spéciale de La Blancherie : « Une exécution précieuse rend ces médaillons très recommandables. » Le même écrivain signalait, comme très piquant pour la ressemblance et la perfection de l'art en ce genre, un portrait modelé en cire de M. Kymli, que l'artiste avait envoyé précédemment, au même Salon de 1781. Un sculpteur piémontais, Orsi, exposait également, au Salon de 1786, une *Vénus sortant du bain*, en cire coloriée, d'après l'original de Paulet, ainsi qu'une figure en pied, en cire polychrome, du père Ignace de Vanchia, religieux capucin, confesseur du roi et de la reine de Sardaigne. Puis, l'année suivante, un groupe représentant une autre *Vénus à sa toilette*, servie par une négresse, avec l'Amour désarmé devant elle. Suivant l'opinion de

La Blancherie, « la figure de Vénus, dans ce groupe, est charmante ; l'expression de l'Amour est également remarquable et on applaudit au rapprochement ingénieux par lequel l'artiste a fait valoir la couleur de Vénus et celle de la négresse ».

Il y aurait lieu de mentionner aussi les modèles en cire des graveurs en pierres fines et notamment ceux de Jacques Guay, le graveur attitré de Mme de Pompadour, lequel, suivant l'usage indiqué par Mariette, dans son *Traité des pierres gravées*, modelait en cire ses compositions. C'est ainsi que, dans la collection du marquis de Menars, figurait au n° 196 du Catalogue « un petit sujet en cire où l'on voit l'Amour tenant un caducée et l'écusson des armes de Mme de Pompadour », et encore, au n° 220, « l'Amour tenant un caducée et l'écusson aux armes de Mme de Pompadour ». D'ailleurs, seize modèles en cire, par Guay, font partie de la collection de M. J.-F. Leturcq, l'auteur de la Notice sur cet artiste (1). Pour en revenir à Mariette, « le graveur, dit-il, après avoir modelé en cire sur un morceau d'ardoise les figures qu'il veut graver, et avoir épuré son modèle autant qu'il en est capable, fait choix d'une pierre fine qui a été taillée par le lapidaire, dans la forme dont on est convenu avec lui, et il se dispose à l'ouvrage, etc. »

Sous le règne de Louis XVI, c'est-à-dire à la fin du XVIIIe siècle, nous ne devons pas omettre de rappeler qu'en Angleterre Flaxman a modelé des petits reliefs

(1) Paris, J. Baur, 1873.

en cire qui ont été ensuite reproduits en grès fin ou en biscuit par Wedgwood.

« En France, il nous faut mentionner A. Hubert, et Pierre Merard, élève de Bouchardon, auteur d'un buste de Louis XV, en cire coloriée. Il modelait également en terre des bustes qu'il exposait ensuite à l'Académie de Saint-Luc, dont il était membre.

Ménars est l'auteur d'un buste assez médiocre en cire, de Voltaire, qui porte sa signature et la date de 1778. »

Michel Clodion lui-même a modelé la cire. Deux beaux bas-reliefs en cette matière se trouvaient dans la vente San-Donato; ils avaient fait partie autrefois de la collection du prince Cambacérès. La collection de Philippe Burty, vendue récemment, renfermait aussi une cire, le *Mont Vénus*, ou Triomphe de Vénus, attribuée au même artiste.

Cadet de Beaupré, élève de Clodion, exposait au Salon de la *Correspondance* de 1782, un faune jouant de la flûte, une bacchante et un satire en relief.

Vers la même époque, Courigner exécutait des petits portraits en cire, parmi lesquels figure celui de Louis-Philippe-Joseph, duc d'Orléans. Un autre artiste, Surugue, qui avait une certaine réputation, exposait au Salon de 1779 le portrait du roi, que La Blancherie signale comme étant « très ressemblant ». Le même écrivain loue également deux bas-reliefs : *La Mort d'Adonis* et *Hercule aux pieds d'Omphale*. « Ces petits bas-reliefs, dit-il, ont paru être traités avec beaucoup d'art et de délicatesse. » De même, écrit-il pour un médaillon en cire *(Un docteur en Sorbonne)*, en 1785 : « L'artiste fait valoir avec beaucoup de succès ce genre, qui est d'ailleurs agréable. »

Au Salon de 1782, Regnault, « sculpteur, rue Taitbout », envoyait un dessus et un dessous de boîte : *l'Enlèvement de Proserpine* et *Saturne transformé en cheval* », ainsi que divers petits sujets et portraits. L'année suivante, les portraits ou sujets du même artiste indiqué sur le livret sont « en composition de cire ».

En 1782, figuraient au même Salon différents bas-reliefs représentant des animaux, par Bardou. *Le Journal de Paris* du 19 avril de la même année signale Morand comme faisant des portraits en cire, en biscuit de Sèvres et en ivoire. L'artiste demeurait à Paris « rue Saint-Denis, vis-à-vis la rue des Filles-Dieu, à côté d'un chapelier. » Il informait le public qu'il faisait des portraits en cire, grands comme nature.

Etienne Gois, reçu de l'Académie en 1770, exposait plusieurs modèles en cire au *Salon de la Correspondance* et la *Translation du corps de Brutus*, petit bas-relief en forme de camée. La Blancherie, dont nous avons si souvent déjà cité l'opinion sur les œuvres des artistes de son époque, dit en parlant du portrait en bas-relief du gouverneur de Paris d'alors, le duc de Cossé, par Pinson, chirurgien des Cent-Suisses : « Ce portrait, très-ressemblant, est remarquable par une exécution facile et a retracé avec applaudissements les talents de M. Pinson, connu par ses belles anatomies de cire. »

Un certain nombre des œuvres de cet artiste sont conservées au Musée Orfila et surtout au Museum de Paris, où elles constituent à peu près tout l'ensemble du cabinet de cire du duc d'Orléans, au Palais-Royal, qui fut dispersé en 1793. L'inventaire de cette collection anatomique, qui se montait à cent quatre-vingt-dix pièces, a été dressé par Pinson. Il existe actuellement aux Archives nationales ; nous en devons connaissance à M. le docteur Hamy, membre de l'Institut.

A ce propos, il est nécessaire de parler ici de l'emploi de la cire pour la préparation des pièces anatomiques. L'invention du procédé a généralement été attribuée à l'abbé Gaetano Giulio Zumbo, cité précédemment, lequel, pour une démonstration anatomique, présenta, en 1701, à l'Académie des Sciences de Paris, une tête fort bien imitée dont la composition était à base de cire (1). D'autres savants ont prétendu que l'abbé Zumbo n'aurait été que l'exécuteur habile de François Desnoues, chirurgien français de l'hôpital de Gênes à la fin du XVIIe siècle (2). Quoi qu'il en soit, la

(1) On conserve de lui, au Musée de physique et d'histoire naturelle de Florence, si riche en céroplastique, des pièces anatomiques très curieuses, ainsi que de Carlo Calenzoli, de la même ville. Le Muséum de Paris possède également une tête anatomique par Calenzoli, qui porte sa signature.

(2) Dans sa dissertation sur la priorité de cette invention, Daniel Hoffmann, de Francfort-sur-le-Mein, se prononce pour Desnoues. — Daubenton, traitant le même sujet, discute les mérites relatifs de Zumbo et de Desnoues, cherchant également à faire la part du sculpteur La Croix, qui travailla pour Desnoues après Zumbo, et décrit les procédés en usage à cette époque, ainsi que le cabinet de cire du roi.

cire avait été employée bien avant eux pour des figures anatomiques, notamment par un Français, Jacques d'Angoulême, ainsi qu'on le verra plus loin; puis à la fin du XVIe siècle, par le sculpteur florentin Ludovico Civoli ou Cigoli; de même qu'au milieu du XVIIe siècle par Ercole Lilli, qui se servait de ses modèles en cire pour enseigner l'anatomie aux jeunes gens qui étudiaient les arts du dessin à Bologne. G. Manzollini, son élève et collaborateur, fut aussi son continuateur, ainsi que la femme de cet artiste, Anna Manzollini, dont l'Institut de Bologne possède des préparations anatomiques remarquables. D'autres professeurs, tels qu'Antonio Galli, de la même ville, Filipo Bolugani, L. Colza, Felice Fontana, Susini (1), Ferini, etc., pratiquèrent aussi le même art avec succès. — La France n'était pas restée en arrière pour ses travaux anatomiques; nous avons déjà signalé Pinson, et avant lui, François Desnoues, le chirurgien français qui, après avoir débuté à Paris, se rendit ensuite en Italie. Il y a lieu de mentionner aussi Faget, qui était chirurgien ordinaire de la reine, et Russel, celui des gardes du corps, Sue, puis Mlle Bilieron, laquelle exécuta, en plus de ce qui existe de ses œuvres actuellement à Paris, des pièces remarquables pour la Russie; enfin Bertrand,

(1) Le Museum de Paris renferme trois cires de cet artiste, et un certain nombre par Poli, acquises en 1800 du professeur Hermann, de Strasbourg. — A notre époque les docteurs Auzoux et Thibert, ainsi que Zeiler, ont réalisé de grands progrès en remplaçant la cire par des compositions moins coûteuses et plus durables pour *l'anatomie plastique*.

Laumônier, à Rouen (1), et Duport. Les pièces qui figurent à Paris, au Museum de la Faculté de médecine, au musée Orfila et dans celui d'histoire naturelle, au Jardin-des-Plantes, font le plus grand honneur à ces habiles préparateurs (2).

Nous devons rappeler ici également les modèles d'écorchés célèbres, parmi lesquels il faut citer tout d'abord celui de Michel-Ange. Suivant Blaise de Vignère, dans sa traduction de l'ouvrage de Philostrate : *Images ou tableaux de plate peinture* (Paris, 1578), Jacques d'Angoulême, cité précédemment, était l'auteur de trois grandes figures anatomiques conservées à la librairie du Vatican. « L'une montre l'homme vif; l'autre comme s'il estoit écorché, les muscles, les nerfs, veines, artères et fibres; et la troisième est un skeletos qui n'a que les ossements et les tendons qui les lient et accouplent ensemble. » De nos jours, Houdon et Géricault nous ont laissé de l'homme et du cheval des modèles d'écorché d'une science anatomique et d'une exécution hors ligne. Le modèle de

(1) Laumônier, né à Lisieux le 30 juillet 1749, devint chirurgien en chef de l'Hôtel-Dieu à Rouen, et correspondant de l'Institut, dans la section d'anatomie et de zoologie. Il a laissé des pièces anatomiques très intéressantes conservées au musée Orfila, aux Museum de Paris et de Rouen et à la Faculté de médecine de Montpellier. Son habileté en ce genre fit créer à Rouen, au commencement du siècle, une école destinée à l'enseignement de l'art des préparations anatomiques modelées en cire, qui prit le nom d'*École de Rouen*. (*Le Chirurgien Laumônier*, 1749-1818, par M. le docteur Georges Pennetier. Rouen, Julien Lecerf, 1887.)

(2) M. Emmanuel Fremiet, membre de l'Institut, a lui-même fait ses débuts dans la carrière de sculpteur en modelant des préparations anatomiques en cire.

celui du cheval, par Géricault, est en cire; il fait partie de la collection de M. Maurice Cottier, ainsi que la maquette, également en cire, du même artiste, pour une statue équestre de l'empereur Alexandre de Russie. Il y aurait à signaler aussi les modèles d'animaux en cire du célèbre Barye, qui sont des œuvres admirables, et les cires non moins remarquables exécutées par Meissonier pour plusieurs de ses tableaux; mais il nous faut revenir aux artistes de la fin du XVIIIe siècle pour ne pas sortir plus longtemps du programme où nous devons nous renfermer.

Jean-Martin Renaud, de Sarreguemines, modelait des petits travaux en cire et en terre cuite très soignés, représentant des sujets mythologiques ou historiques, qui ont figuré, pour plusieurs, aux Salons, depuis l'an VIII jusqu'en 1817. A. Ravrai, Babonot ou Babouot et Florion, à la fin du XVIIIe siècle, faisaient aussi des petits portraits en cire et des petits sujets pour être montés sur tabatières.

En 1788, un nommé Foulon, qualifié de « sculpteur-figuriste en cire », parcourait la basse Normandie avec des « têtes de Voltaire très ressemblantes et modelées d'après l'original (1). »

Pierre Petitot, de Langres, exposait au salon de l'an VIII un médaillon en cire; puis, à celui de l'an IX, *l'Innocence surprise par l'Amour* et *Anacréon chantant une ode à Vénus*. Enfin, au même salon, figuraient un modèle de pendule : *le Retour de Mars*

(1) *Affiches de la basse Normandie*, n° du 2 mars 1788.

chez Vénus et le buste du premier consul, par Brunet, qui demeurait à cette époque à Paris, 86, faubourg du Temple.

Comme on a pu le voir par ce qui précède, le rôle de la cire avait perdu beaucoup de son importance à cette époque, et bientôt la céroplastique ne trouvera plus guère son emploi que dans les musées de figures de cire.

La vogue obtenue par Benoist avec son exposition du *Cercle* d'Anne d'Autriche, que nous avons signalé précédemment, lui avait permis de faire fortune ; aussi ne tarda-t-il pas à avoir des imitateurs. Sans parler ici de « la moulure en cire de la personne » de Bébé, le nain du roi Stanislas (à la bibliothèque de l'École de médecine, à Paris), qui fut présentée à l'Académie des Sciences par le comte de Tressan (1), il nous faudrait citer aussi, incidemment, la comtesse d'Harcourt (parmi les bizarreries de l'époque), laquelle, en 1769, après la mort de son mari, ordonna de « jeter en cire la figure en grand du comte, la fit revêtir de sa robe de chambre et placer dans un fauteuil à côté de son lit (2). »

Les exhibitions de personnages en cire commencèrent à se répandre. Déjà, en 1723, on était allé voir, rue de Tournon, « les nouvelles anatomies de cire colorée dont le sieur Desnoües, de l'Académie de Boulogne *(sic)*, était l'auteur » (3). Puis l'Allemand Creutz,

(1) *Mémoires secrets*, t. II, p. 133.
(2) *Correspondance secrète*, t. IX, p. 108.
(3) *Curiosités de Paris*, t. II, p. 458. Il s'agit du chirurgien français

changeant son nom en Curtius, exposait, au Salon de 1791, un buste colorié en cire du prince royal. Il était arrivé à Paris en 1770, et avait installé plus tard, en 1780, sur les boulevards de Paris, un musée, où il montrait les personnages célèbres de l'époque moyennant deux sous. En 1783, il y ajoutait la *Caverne des grands voleurs*, et Mercier dit que, dans certains jours (avec la montre de ses mannequins enluminés), il se faisait une recette de plus de cent écus.

De même, Orsi, dont nous avons déjà parlé, s'était établi à Paris, au Palais-Égalité, où, à l'époque de la Révolution, il conviait la foule à des représentations relatives à l'assassinat de Lepelletier de Saint-Fargeau, dont la mort de Marat, arrivée six mois après, augmentait encore la vogue. En 1800, Curtius eut pour successeur un nommé Tuffault, chez lequel (à l'entendre) on voyait en cire tous les princes de l'Europe et même l'empereur de Chine, ainsi que la chemise de Henri IV et une vraie momie d'Égypte (1).

C'était bien là le début du musée de Mme Tussaud, à Londres, et du musée Grévin, à Paris, qui sont devenus depuis, les dernières expressions du genre.

La fin du XVIIIe siècle, où nous nous sommes arrêté, forme la limite de cet essai historique sur la sculpture en cire.

Desnoues, mentionné précédemment, et nous croyons qu'il faut lire Bologne, où nous avons dit qu'il existait alors d'habiles préparateurs anatomiques.

(1) Edouard Fournier, *l'Illustration*, 22 mai 1852.

www.ingramcontent.com/pod-product-compliance
Ingram Content Group UK Ltd.
Pitfield, Milton Keynes, MK11 3LW, UK
UKHW012106240726
13965UKWH00004B/1582

9 782013 083652